知的生きかた文庫

話すチカラをつくる本

山田ズーニー

三笠書房

いきなりですが
「宇宙人発見」の
ニュースです。

さて、あなたは
このニュースを、
「何」で見たら
信じますか？

NEXT PAGE

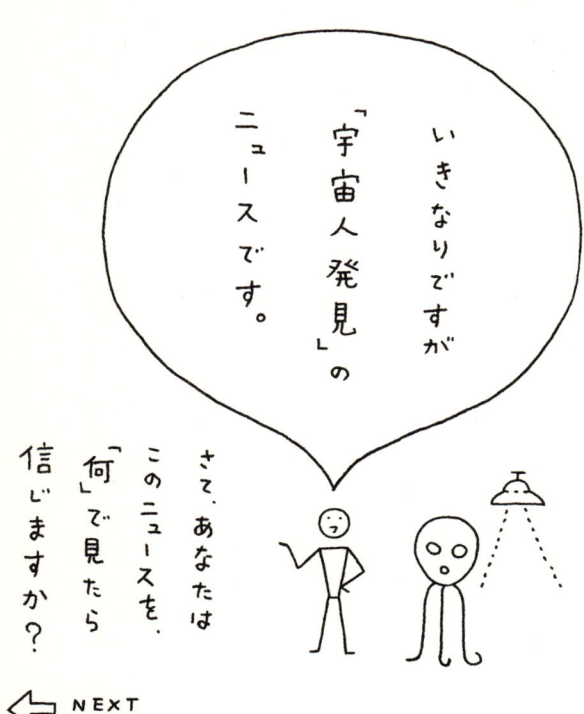

次の5つから「宇宙人発見」のニュース、「これで見たら信じる」というものをいくつでも選んでください。

1 東スポ
2 インターネット
3 フジテレビ「笑っていいとも!」を見ていたら字幕のニュース速報が出た。
4 NHKの7時のニュース
5 朝日新聞が号外を出した。

いかがですか? おかしくありませんか?
言っていることは「宇宙人発見」の五文字、どれもまったく同じ。ところが、どのメディアが言うかによって、あなたに与える印象はガラリと変わります。

人間も同じ「**何を言うかより、だれが言うか**」です。

同じことを言っても、あなたが言うのと、他の人が言うのとでは、印象がまるで違います。人間もメッセージを伝えるメディア（＝媒介）だとすれば、ものを伝える最初の要件はこれではないでしょうか。

伝わる要件① 自分のメディア力を高める

「自分のメディア力」とは、他人から見たときの、自分の信頼性や影響力です。あなたはふだん、人からどんな人間だと思われていますか？

あなたのことを、「いつも信頼できる、役立つ話をしてくれる人だ」と思っている相手なら、あなたが口を開いたとたん、「あ、何かいいことを言うぞ！」と聞き耳を立ててくれるでしょう。そういう状況なら、あなたの想いも、よく伝わります。

逆に、あなたのことを「口を開けば小言ばかり」と思っている相手なら、あなたがせっかくいいことを言おうとしても、マイナスのフィルターをかけて聞かれるかもしれません。

もしも、相手から疑われているとしたら、何を言っても、どう言ってもダメ。信頼回復が先です。

自分の想いを誤解なく伝えるためには、日ごろから、人との関わりを通して、自分という人間の信頼性をコツコツと築いていくことが有効です。自分のフィールドで、聞いてもらいたいことを聞いてもらえるだけのメディア力がついてくれば、あなたの想いは、はやく広く、ずっと自由に届くはずです。

このように、話が伝わるにはメディア力を含め、そもそものところで押さえておかなければならないポイントが7つあります。これを「**7つの要件**」と言います。

『話すチカラをつくる本』は、コミュニケーションのイロハである「7つの要件」を押さえるところからはじまります。ゴールは、自分の想いをきちんと言葉にして相手に伝え、望む状況を切りひらいていくためのコミュニケーションの基本が身につくこと。**いまさら人に聞けない基礎をいちからはじめてきちんとつくるの**

が本書の特長です。

ですから、「明日から社会人だけど、コミュニケーション、何からどう手をつければいいんだろう」と悩む新人の人も、「どうしよう、急におわびをしに行かなければならなくなった」というときも、安心してください。

超薄型の本書はたった30分で読めて、ひととおり基礎が身につく仕組みになっています。ですから、「明日大事な人と会う」という前夜、本書で一夜漬けするとか、「これから出張だ」という電車の中で本書を一気に読んで、人と通じ合う技術と自信を手にしてください。ついた技術はビジネスからプライベートまで、あらゆるシーンで一生使えます。

みなさんの中に、ビジネス書を何冊読んでもなかなか自分の言いたいことを言えるようにならないという人はいませんか？　そういうとき足りないのは基本です。「そもそも自分はどんな立場で」「相手はだれで」「なんのために話をするのか」という基本が抜け落ちていると、どんな高度なテクニックも活かしようがありません。

いまコミュニケーションの問題は、私たちが難しいことを知らないからではなく、基本を疎《おろそ》かにしていることで起こっています。ふたをあけてみると、「そもそも」の基本レベルのすれ違いばかり。それだけに基礎がしっかりした人は強い。

さっそく伝わる話の基礎へと入門していきましょう！

もくじ

2章　おわび・お願い、人を説得する技術

3章　共感の方法――人を励ます・誤解を解く

4章 信頼を切りひらく！ メッセージの伝え方

イラストレーション　寄藤文平

1章
7つの要件で想いは伝わる！

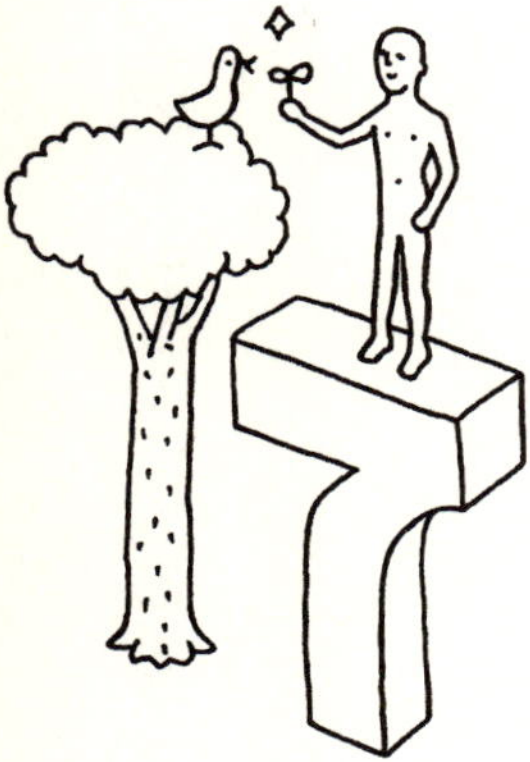

相手から自分はどう見られていますか？

何を言うかよりだれが言うか、が雄弁なときがあります。

まったく同じ「宇宙人発見」の五文字も、東スポ、ＮＨＫ、インターネット…、どのメディアが伝えるかで印象がガラリと変わるように、同じ言葉でも、あなたが言うのと他の人が言うのとでは、人に与える印象がまるで違います。

あなたの話が伝わる最初の要件はこれです。

伝わる要件① 自分のメディア力を高める

「自分のメディア力」とは、他人から見たときの、自分の信頼性や影響力です。

何か伝えようとするときに、「自分は相手からどう見られているのだろうか？」

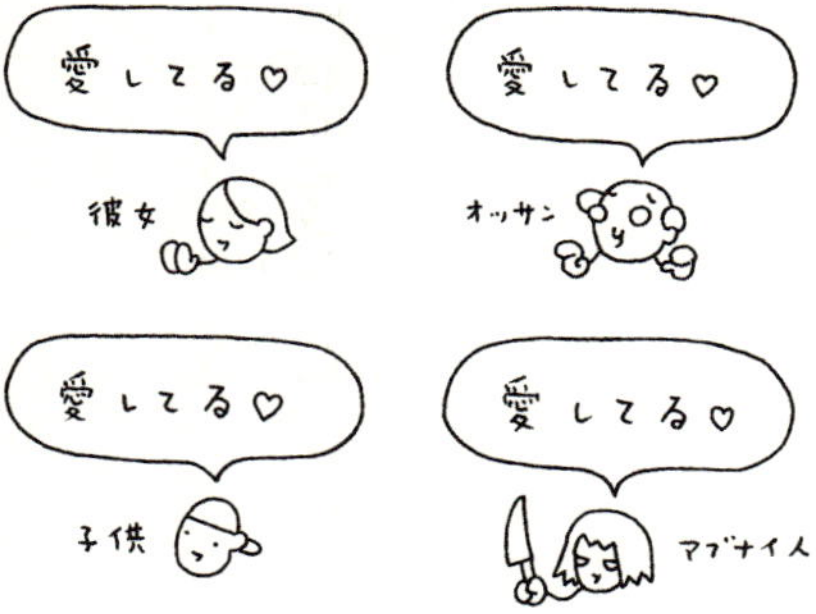

誰が言うかで、伝わり方が違う。

と相手から見たときの自分の信頼性や影響力はどれくらいかをチェックしてみてください。

そこで、「自分はまだメディア力がない」というときでも大丈夫。それを知っていればなんとかなります。

相手から信頼されるような自己紹介やあいさつを工夫したり、説得材料を多く準備したり、まず自分という人間への信頼や共感を高め、それから話しはじめれば、言葉はずっとスムーズに届きます。

私自身、講演や講義をするときに、「まず教えよう」「まず知識を提供しよう」と焦るのでなく、はじめにその場にいる人と通じ合えるような話をします。通じ合うことによって私とその場にいる人の間にささやかでも信頼関係が生まれると、あとの話はずっと届きやすくなります。まず伝えようではなく、まず自分という人間を信頼してもらい、それから伝えるという順番で、話はずっと伝わりやすくなります。

どうしてもいまの自分ではダメだというとき、「ではだれが言えば伝わるか」と考えて、相手が信頼している人間に語らせるという奥の手だってあります。例えば、留学したいと親に頼むとき、自分はいま親から信頼されていないなと感じるときなら、親から信頼されているお兄さんに頼んでもらう。職場で社員が言ってもなかなか耳を貸そうとしない上司に、お客さまの声として意見を届けるなどです。

コミュニケーションは自分と相手の間に橋を架けるような行為です。

一番言いたいことは何ですか？

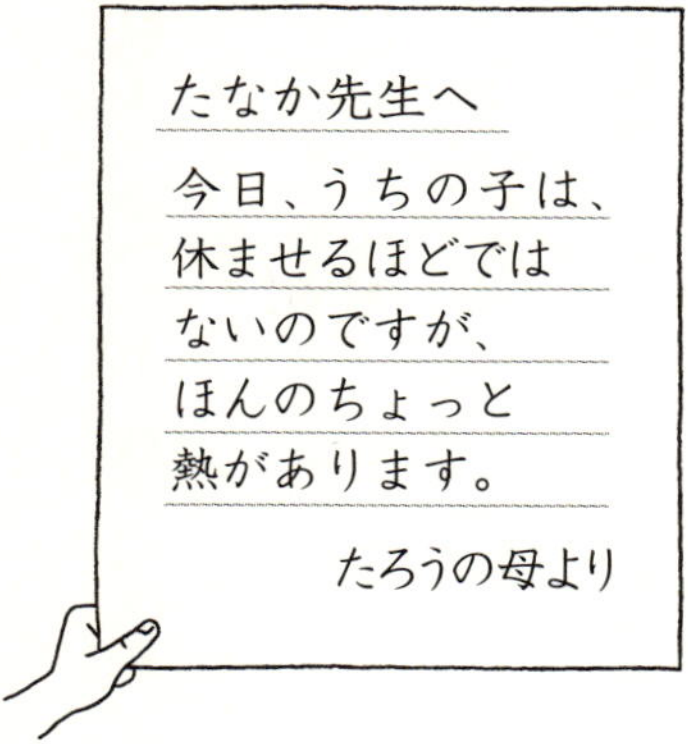
たなか先生へ
今日、うちの子は、
休ませるほどでは
ないのですが、
ほんのちょっと
熱があります。
たろうの母より

これは保育園児のたろうくんのお母さんが、保育士さんに書いたメモです。伝わらないというか、他人が見ても、なんだかモヤモヤする文章ですね。なぜでしょう？

このメモには、伝えるために一番必要な「あるもの」がないんです。

答えはあとで。

まず、カンタンなワークからやってみましょう！

これからあなたに二つ質問をします。心の中で答えてみてください。

質問1　いまから24時間以内に、あなたが一番やりたいことは何ですか？

質問2　なぜ、それをやりたいのか、私にわかるように説明してください。

できましたか？　いま、あなたがやったこと、それでいいんです。それが、機能する話の大原則です。伝わる要件2と3はこれです。

伝わる要件②+③　意見+論拠（=機能する話の大原則）

「意見」とは、「あなたが一番言いたいこと」です。まず、これをはっきりさせる。「論拠」とは、「なぜ、そう言えるか」、あなたの意見の「理由」や「根拠」です。これを相手にわかるように筋道立てて説明する。

意見と論拠。相手が、「なるほど」と言ったらそこが、ゴールです。

なぜそう言えますか？

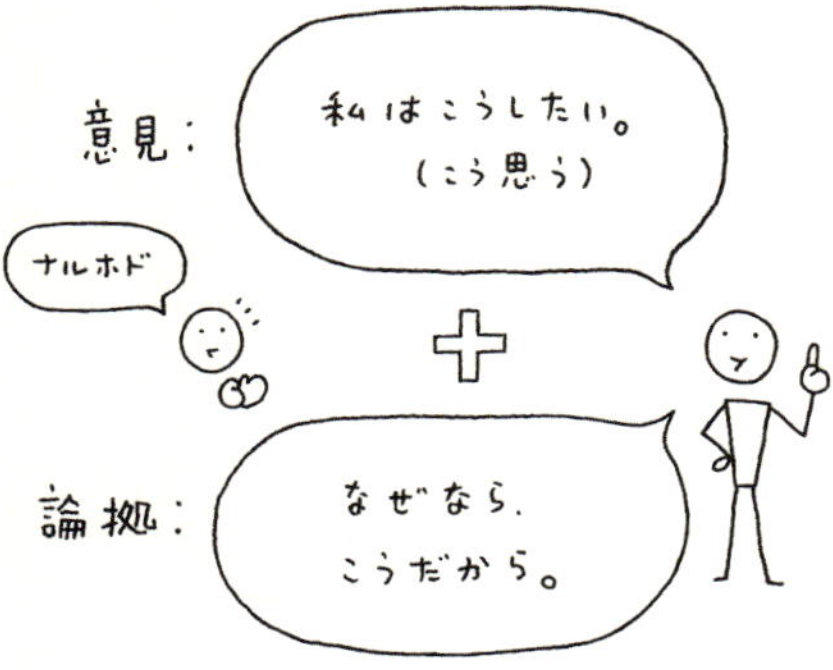

「意見」は、自分の中にあるもので、そのままぶつけても他人には理解されません。

たとえば、先ほどの24時間以内にやりたいことで、中年の男性がニヤニヤしながら、「私は女子高生と話したい」と言ったらどうですか？「意見」だけぶつけられても、わからないですよね。

そこで、「論拠＝なぜ」の出番です。

その中年男性が、「(意見) 私は女子高生と話したい。(論拠) なぜなら女子大の理事長をしていまして、深刻な生徒不足に悩んでいます。女子高生が大学に何を期待しているか、ぜひ聞きたいのです」と言ったらどうでしょう？　聞く側にも、「ああ、そうだったの！」という「納得感」が生まれませんか？

「論拠」は、納得感を生み、相手との間に橋を架けます。

「コミュニケーション、何からどうしたらいいか」という人も安心してください。実は、「意見と論拠」で、社会生活、学問からビジネスまで、だいたいのコミュニケーションはまかなえるのです。

たとえば、ケンカした友だちにメールを書くときも、「(論拠) メールは込みいった話に向かないから、(意見) 会って話そうよ」。まずは、これでいい。

大学入試の小論文も、自分の「意見」をはっきりさせ、「論拠」を筋道立てて説明して、読み手を説得すればいい。これを応用すれば、論文やコラムも書けます。

職場で上司にお願いをするにも、意見と論拠です。「(意見) 部長、予算をあと

30万上げてください。（論拠）30万あれば、小さい子どもも安心してこのイベントに参加できるからです」

会議で、急に「田中さんの発言について、あなたはどう思う？」と尋ねられても、慌てることはありません。人の発言のどこを聞くか？　これも、「意見と論拠」です。田中さんの「意見と論拠」を押さえておき、あなたは、田中さんの意見に賛成か反対か、理由はどうかを答えればいい。「（意見）私は、田中さんのイベント中止という意見に賛成です。（論拠）しかし、理由は田中さんの言う予算の問題ではなく、時流に合わなくなってきているからです」というように。

言いたいことと根拠がしっかりあれば、どこへ出てもおどおどすることはありません。

困ったときは深呼吸して、「意見と論拠」と思い出してください。

さて、話は戻って、保育園児たろうくんのお母さんが書いたメモ、どこがおかしかったのでしょうか？　実はこのメモ、「**意見**」**が無い**んです。

目指す結果は何ですか？

「え？　熱があるっていうのが意見じゃないの？」と思う人もいるかもしれませんが、これは、状況説明に留まって、意見ではありません。

「ほんのちょっと熱がある」、だからどうなのでしょうか？　「いつものことなのでご心配なく」なのか、「充分注意してくれ」なのか？　でも充分注意ってどうするのでしょう？　たくさん園児がいるのに、たろうくんだけ、四六時中見張っているのでしょうか？　食べ物は？　着るものは？　運動は？

「意見」、つまり、言いたいことがない文章は、状況の中で機能しません。

そこで、このようにしてはどうでしょうか？

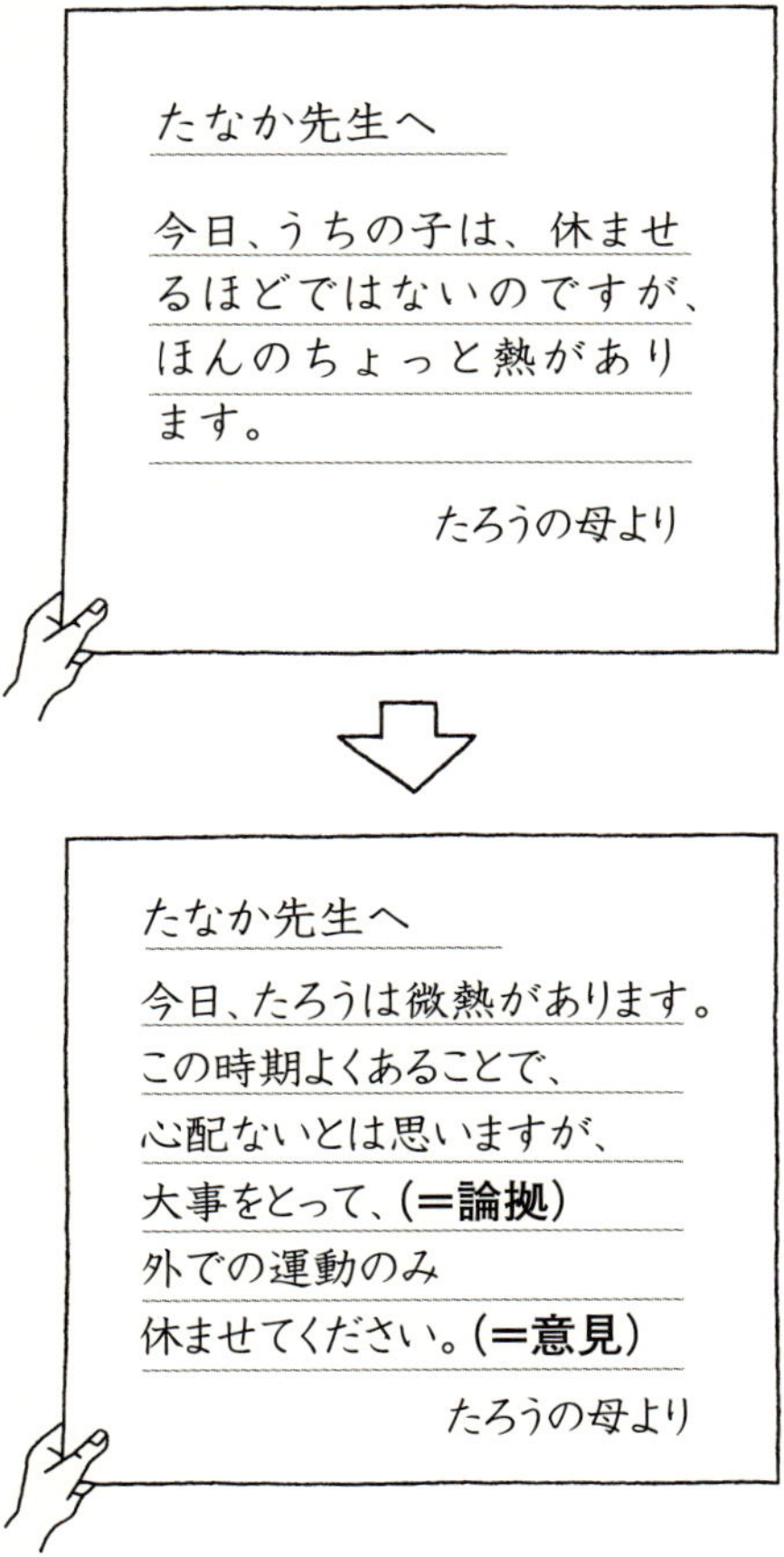
たなか先生へ
今日、うちの子は、休ませるほどではないのですが、ほんのちょっと熱があります。
たろうの母より
たなか先生へ
今日、たろうは微熱があります。
この時期よくあることで、
心配ないとは思いますが、
大事をとって、(＝論拠)
外での運動のみ
休ませてください。(＝意見)
たろうの母より

いかがですか、意見と論拠で、ちゃんと機能する文章になりました。私たちが日常で書く、どんな小さなメモにも「読み手」がいて、「目指す結果」があります。これが4番目の要件です。

伝わる要件④　目指す結果

このコミュニケーションをとることで、だれが、どうなったらいいのか？　どんな状況を紡ぎ出したいのか？　できるだけ具体的にイメージしてみましょう。

たとえば、やかんに欠陥があってやけどしそうになった。メーカーに苦情の手紙を書く。こんなとき、まさか、「まとまりのある、おしゃれな文章が書けた」で満足する人はいないと思いますが、「言ってやってスカッとした」でも、まだ足りません。どうしたら、苦情担当の窓口ではねられず、作った人のところまであげてもらえるか。そして、会議に採り上げてもらい、次の商品作りに生かして

なるほど!
そうそう!
ホントだ!
納得。共感。発見。
フムフム
相手の心が動く。
OK!
Thanks!
目指す結果!!

もらえる、そういう手紙が書ける人が、コミュニケーションの達人です。

就職の志望理由書も、文章がうまいと褒《ほ》められるために書くのではありません。目指す結果は、面接官に「一緒に働きたい」と思ってもらって採用されることです。お見舞いの言葉は、相手の回復力を生かすことを願って伝えます。

結果を出しましょう！

ポイントは、相手の心が動くことです。人の心が動けば状況は動いていきます。あなたの言葉によって、相手の心が、ほんのちょっと動くことを目指してみてください。「なるほど！」と腑《ふ》に落ちる。「そうそう！」「いいね！」と目を輝かせる。「ほー、そんな考えもあったのか」と驚く。

そうした、**納得・共感・発見**などを通して、相手の心を動かし、目指す結果を切り拓いていける、そんなコミュニケーションの達人を目指しましょう。

どんな問いに基づいて話してますか？

かみ合わない会話って、いったい何がいけないのでしょう？

部長　この商品企画じゃ戦力にならん。うちはいま火の車なんだ。
社員Ａ　いえ、これだけ質のよい商品はよそには作れません。品質は業界一です。

二人とも商品の話をしていますが、部長は「この商品は金になるか？」、社員Ａは「商品の質はどうか？」という「問い」に基づいて話しています。問いを共有していないと、話はかみ合いません。文章や、話を貫いている「問い」、「問題意識」のことを「論点」と言います。

５つ目の要件です。

伝わる要件⑤　論点

論点と意見は、ちょうど問いと答えの関係です。私たちは、問いを意識しないまま話したり書いたりしますが、それは自分で意識していないだけで、意見のあるところ、必ずそれを導き出した問いがあります。ちょっとやってみましょう。

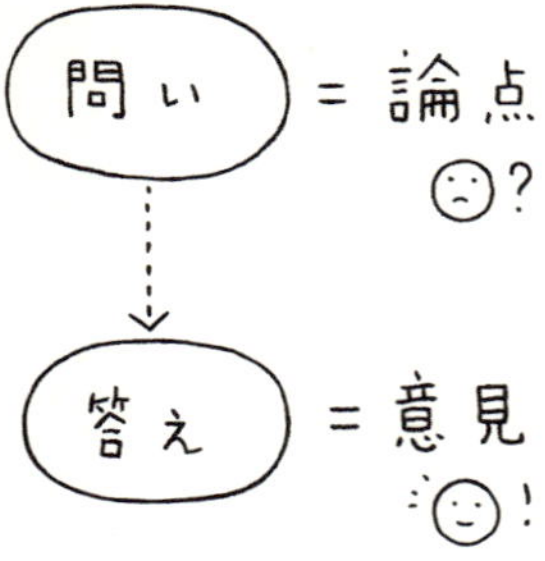

意見　俺という人間はダメだ。
→
論点　俺という人間はいいかダメか？

意見　彼女を止められるのは君だけだ。
→
論点　だれが彼女を止められるか？

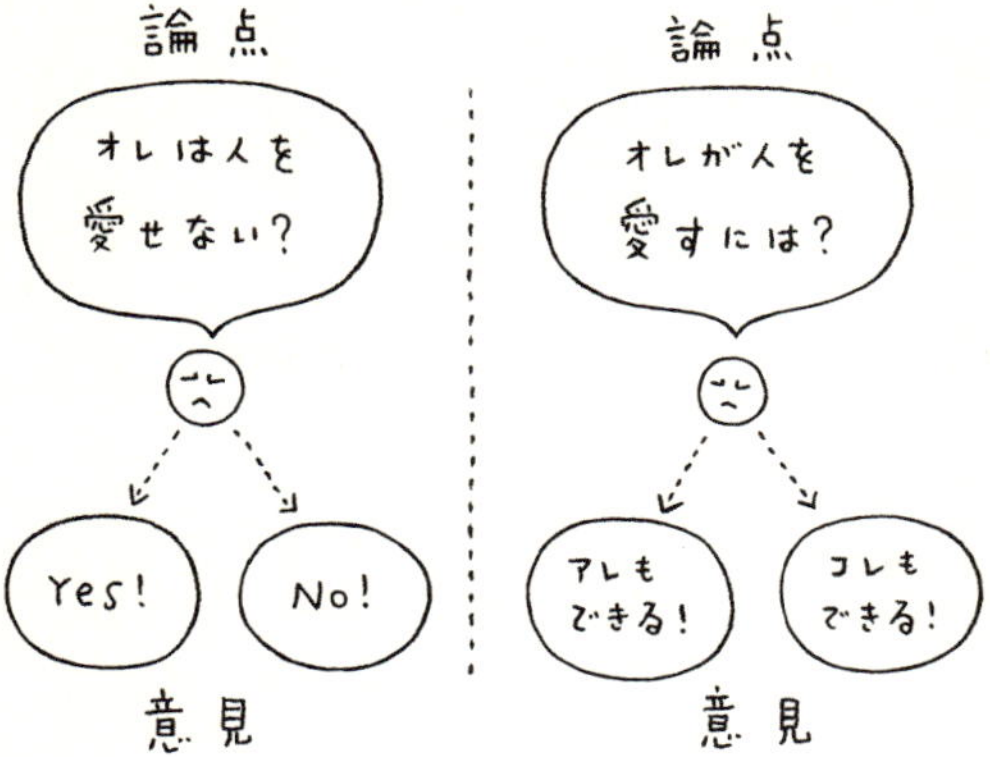

「いいかダメか？」の問いには、いいかダメかの答えしかありません。「だれが？＝WHO」の問いに、出てくる答えは「人」です。そう、私たちは、自分の問いに見合った意見しか出せないのです。

問いが「俺はいかにダメか？」というようなマイナス方向だと、いくら考えても後ろ向きの意見しか出てきません。「俺に何ができるか？」と問いを修正すると、建設的な意見が出てきます。話したり書いたりしていて、どうもよくない方向に進む、ずれていく、というとき、「いま、どんな問いに基づいて考えているか？」とチェックし、問いを修正するとよいでしょう。

先ほどの社員Aさんは、「商品の質がどう売り上げにつながるか?」という問いに改めると、部長さんと話がかみ合ってきます。

良い意見を出す人、会議で流れを変えるような発言のできる人は、必ず良い問いを持っています。深まる会話は、論点＝互いの問題意識がぴったり合っています。ここで、意見・論拠・論点の関係を図にしておきましょう。左の図を見てください。

私たちは、意識しなくても問い(＝論点)を持っており、その問いに対して自分が出した答え(＝意見)があります。

伝えるときは、意見の根拠(＝論拠)を筋道立てて相手に説明すればいい。

論点→論拠→意見。

この構造で話したり書いたりすると、あらかじめ相手と問いを共有できるので、とても伝わりやすいです。

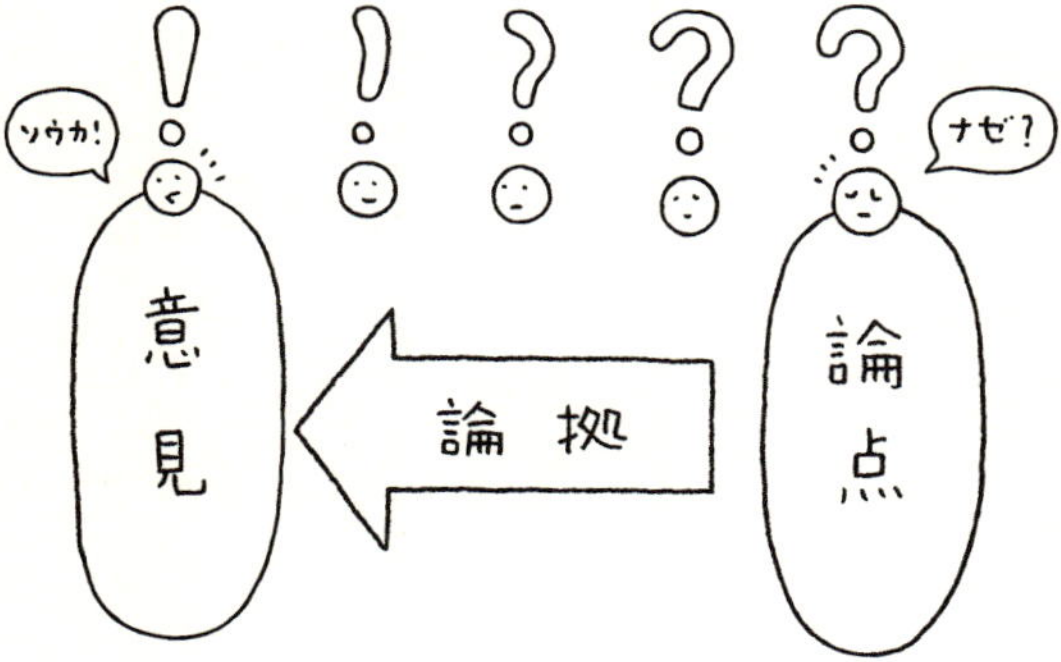
ソウカ!
ナゼ?
意見
論拠
論点

相手から見たら、あなたの言っていることは何？

伝えるためには、自分の言おうとしていることを、いったんつきはなして見ることが必要です。自分の都合や「つもり」とはまったく関係ない相手から見たら、あなたが言っていることは何なのでしょうか？

たとえば、あなたが恋人と映画に行った話を友人にするとします。あなたは「別に意味なんてない、ただ聞いて欲しかっただけ」と言うかもしれません。しかし、受け取る側によっては、いろんな意味が出てきます。

相手が映画好きで、あなたと感性の合う人なら、「役立つ映画の知らせ」という意味が出てきます。相手が落ち込んでいて、あなたの話が笑えるものだったら、「気分を明るくしてくれる話」という意味が出てきます。

もしも、相手がふられたばかり、人の幸せも喜べない状態だったら、あなたの話は、「気分を落ち込ませる話」になってしまいます。

伝わる要件⑥　相手にとっての意味

伝えるためには、「相手」を知る必要があります。「相手」は、どんな人でしょう？　いま、何に興味があり、どんな問題をかかえていますか？　ゆとりはある？ない？　いま元気ですか？　落ち込んでいますか？　プライドは高いのか？

自分が言いたいことは、相手側から見たらどんな意味がありますか？　相手にとって、役立つ知らせなのか、励ましなのか、相手を和ませるのか、啓蒙か？
もしも、相手をいやな気分にさせるだけだと気づいたら、あなたはそれでも言いたいですか？

あなたの根っこにある想いは？

では、こんなケースはどう考えたらいいのでしょう？　温かい人から発せられた言葉は、「バカ」と書いてあっても温かいのです。逆に、私を軽蔑した人だと、何を言われてもどう言われても冷たいのです。

私は常日頃、表現というものは、「何を言うか」より「どんな気持ちで言うか」が大事だと思っています。その人の根っこにある想い・価値観、これを「根本思想」と言います。

伝わる要件⑦　根本思想

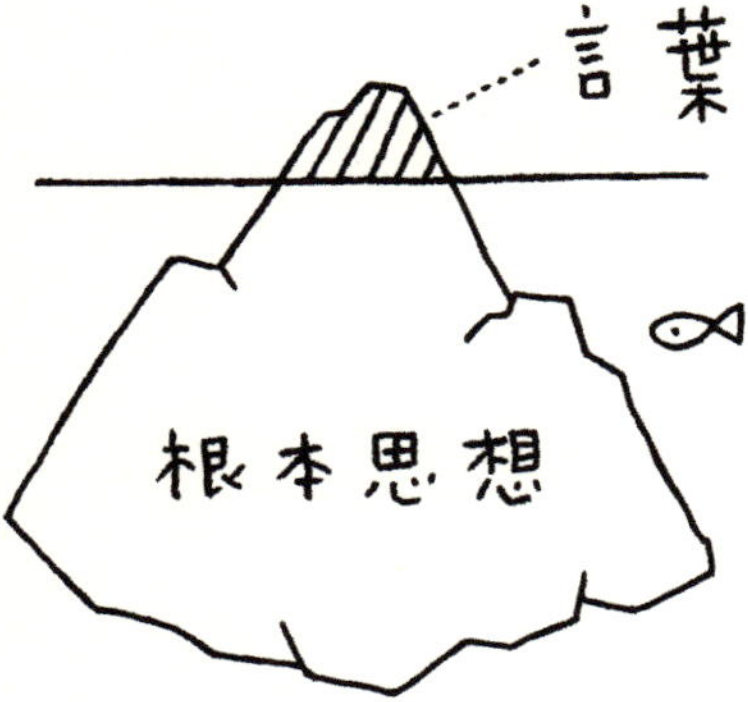

言葉は、ちょうど氷山の見えるところのようなもので、根っこには何倍もの大きな思想や価値観、生き方が横たわっています。

何年か前、私は、友だちとの会話がゆきづまったとき、自分の根本思想をチェックしてみました。いやな自分を見てしまいました。それは、「私のほうがすごいのよ」と相手に見せつけたい、という「自慢」でした。

話題は、昨日観た映画から、友だちと行

ったレストラン、最近の仕事、と移っていくのですが、何を言っても、どう言っても、自慢たらしいのです。これでは、相手への信号は同じ、会話がはずまないのも当たり前だなと。

それから、折りにふれて、私をいま、この会話に向かわせている「根本思想」、私をいま、この文章に向かわせている「根本思想」をチェックするようになりました。

「根本思想」は、言葉の製造元。あなたが言葉を発しているとき、根っこにある想いは何ですか?

エゴなのか、尊敬か、怨みなのか、感謝なのか。もしも、これから言おうとすることに、自分の想いや生き方がついていかないなら、言うことを変えるか、いっそ言わない手もあります。

生まれたときからたくさんの情報に囲まれ、目の肥えた私たちは、短いやりとりでも人の嘘を見抜いてしまいます。根本思想は、わずかな表現にも立ち現れてしまう。**嘘は人を動かさない**。伝えることはこの点で甘くありません。

かくしているつもりで、一番伝わりやすいのが、根本思想。

逆に言うと、根本思想はそれだけ強いからこそ、根本思想と言葉が一致したとき、非常に強く人の心を打つ、ということです。

小学生の「お母さんありがとう」という作文にみんなが涙してしまうのは、文章がうまいからではなく、心からの想いを言葉にしているからでしょう。

自分に嘘のない言葉であるということ。コミュニケーションにおいても正直は最大の戦略です。

では、これまでお話しした7つの要件をまとめておきましょう。

1　メディア力、相手から見た自分の信頼性はどうか？
2　意見、自分がいちばん言いたいことは何か？
3　論拠、意見の根拠は何か？
4　目指す結果、だれがどうなることを目指すのか？
5　論点、いま、どんな問いに基づいて話しているのか？
6　相手にとっての意味、つきはなして相手から見たら、この話は何か？
7　根本思想、自分の根っこにある想いは何か？

うまく伝わらないとき、どれか一つでもいいから思い出して、自分に問いかけてみてください。

今回お話ししたことが難しいと感じた方も大丈夫、「意見と論拠」でコミュニケーションはできます。

意見と論拠からはじめてみましょう！

伝わる7つの要件

1. 自分のメディア力
2. 意見
3. 論拠
4. 目指す結果
5. 論点
6. 相手にとっての意味
7. 根本思想

2章

おわび・お願い、人を説得する技術

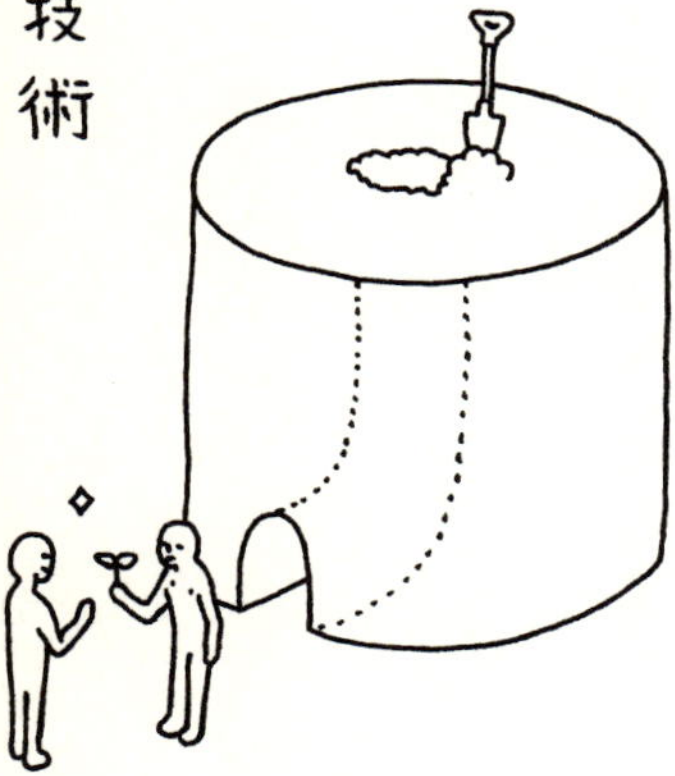

では、いよいよ具体的に、想いを伝え、人を説得する技術をつかんでいきましょう。だれもが、一度は必要になる「おわび」を採り上げます。

こんなおわびをしている人はいませんか？

例1　通じないおわび

このたびは、誠に申し訳ございませんでした。
日ごろミスが出ないよう万全をつくしてはいたのですが、これからは、こういうことがないよう精一杯がんばりますので、よろしくお願いいたします。

「万全をつくしてはいた」って、なら、なぜミスは起きたの？　「精一杯がんばります」って何を？　どうがんばるの？　要は、「これまではちゃんとやっていたつもり、これからはちゃんとやるつもり」と言っているだけ。これでは通じません。

どうすれば、説得力のある「おわび」になるのでしょうか？

ここに足りないのは、誠意でも、文才でもありません。ただ一つ「**自分の頭でものを考えること**」です。

考えないという傷

「考える」ことについて、私には忘れられない言葉があります。それは、いまの若い人が、「**考えることを放棄して、その結果、苦しんでいる**」という言葉です。受験生を指導していた友人に言われたのですが、学習にしても、進路にしても、「苦しんでいることを自覚していれば、まだいい」と。「**なんとなくで生きている子たちこそ、いま受けている傷は深いのではないか**」と。

「考えない」とは、自由ではありません。

文章指導をしていても、悩んだり苦しんだりしているものでさえも、自分の内面を実感ある言葉で表現できている文章は、むしろ生き生きと自由な感じさえします。

逆に、葛藤もなく、ただ字数を埋めただけの、その人の内面が反映されていない文章は、読んでいて、なんとも言えない胸苦しい、ふさがれた感じがします。
その状態は「不自由」です。人はそれぞれ、自分の感じ方や想いをもっていま す。それを外に表したいという欲求をもっています。ところが、考えるのを放棄して、借り物の意見や一般論でやりすごしていると、自分の想いは外に表せないまま、自分として外と関わることができません。これは、静かに自分を傷つける行為です。

先ほどの考えていない代表のようなおわびも、実は不自由ではないでしょうか。自分は何を感じ、何を言いたいのか？　そもそも自分が何をしたのかさえ、自分の言葉で語ることができない。自分の想いで人と関わるためには、自分の内面を引き出したり、整理したりする作業が必要です。それが「考える」という作業です。

「**考える方法**」がわかれば、もっと自分の本音に近い意見を、もっと相手に届くように伝えられ、コミュニケーションはぐっと自由になります。

考える方法を習ったことがありますか？

では、「考える」って、頭の中でどんな作業をしていますか？　あなたは、「考える方法」を習ったことがありますか？

そう言うと、「習った。受験で、数学の問題の考え方を習った」と言う人もいます。でも、私たちが高校までに習う思考法のほとんどが、決められた一つの正解に向かうための暗記と応用です（これもとても大切なことですが）。

そうではなく、まったく正解が存在しない問題を、自分の頭を動かして考える方法を習ったことがありますか？

そこで、ここに「考えるための道具」を用意しました。荷物にならないので、一つ持っていってください。考える道具はこんな形をしています。

考える道具とは、そう、「**問い**」です。

問題が与えられたら、私たちはすぐ「答え」を探そうとします。

でも、大きすぎる問いに、いきなり答えは出せません。たとえば、「生きる意味は何か？」と聞かれて、いきなり答えが出せるでしょうか？　無理やり出したとしても、陳腐な答えになってしまいます。

思考が止まってしまうとき、大きな問いをまるごと相手にしていることが多いんです。向かう「問い」が大きすぎると、考えること自体が、億劫《おっくう》になったり、イヤになったりします。

そうではなく、考えるためには「答え」ではなく、**「問い」を探す**のです。

その問題を考えるのに有効な、具体的で小さな「問い」を、いくつも、いくつも洗い出してみるのです。

たとえば先ほどのおわび、「おわびをどうしようか？」と、漠然と思っているだけでは考えが進みません。このままでは「問い」が大きすぎるからです。そこで、もう少し具体的で小さな問いを、いくつか出してみます。

・そもそも何をおわびするのか？
・ミスが出たときの状況は、具体的にどうだったか？
・ミスが出たとき、まず、どう感じたか？
・ミスが出るまでの自分の生活態度や精神状態はどうだったか？
・いま、自分の正直な気持ちはどうか？

いかがですか？　このくらいの小さな問いなら、ちょっと考えれば答えが出そうです。このように、ちょっと考えたり、調べたりすれば答えが出そうな「問い」

をいくつも洗い出し、出てきた問いを選んで、**自問自答**する。自分で出した答えにまた、自問する。わからないことは、**見たり・聞いたり・調べたり**して答えを出す。**自問→自答→自問→自答→自問**……、これをねばり強く、すとんと腑《ふ》に落ちるまで、小さくても何か発見があるまで続けることが、「考える」ということです。

さながら、名探偵、金田一耕助です。事件が起きたとき、石頭の警部は、「わかった！　犯人は、」といきなり「答え」を出しにかかりますが、当たったためしがありません。思考停止とは問いが立たない状態です。そこに働くのは決めつけ、憶測。一方、金田一探偵は、質問ばかりしています。それも一見どうでもいいような小さな「問い」ばかり。「なぜ、犯人はここで靴を脱いだんでしょう？」「おや、こんな薄い壁なのに、隣の人はなぜ声を聞かなかったのでしょう？」、しかし、この小さな問いの積み重ねが、やがて核心の「問い」を導き出し、みごと事件を解決します。

考えるスタートは「問いの発見」です。ところが、慣れていないと問いを立てるのは難しいものです。問いが浮かばないとき、どうすればいいのでしょうか？

「問い」を立てる技術

最初は、とにかく無理やりにでも問いを出すこと。どんな問いでもいいから出していると、しだいに慣れて、問いがふつふつと立ってくる頭になってきます。

原始的な方法ですが「**書き出す**」のも手です。用意するものは、**紙とペン**。白い紙の真ん中に、問題になっていることを書いて丸で囲み、思いつく限りの「問い」を、まわりに書き出していきます。

学校で習った5W1Hなども、問いを立てるのに役立ちます。上は、5W1Hにそって問いを書き出してみた例です。

When いつ起こったか?
Where どこで起こったか?
Who 誰が迷惑したか?
ミスをどうおわびするか?
How 迷惑させたんはどんな気持ち?
What 何ができる?
Why ミスはなぜ起こったか?

集中力を高めるために、タイマーで3分、正確に時間を計って問いを洗い出すのも手です。会議などで、何人かで一斉に、この、「問いの洗い出し3分ワーク」をやって、縒《よ》り合わせると、「問題解決に結びつく問い」がはやく発見できます。企業の研修でこれをやってもらうと、多い人は10数個から20個の問いが立ちます。一方、1、2個でゆきづまってしまう人や、まったく立たない人もいます。

さらに、問いを立て、自問自答しているのにゆきづまってしまう人と、謎が謎を呼ぶように思考がどんどんダイナミックに発展していく人がいます。

その差は何なんでしょうか?

「問い」というスコップを手にしたあなたは、今日から自由に自分の意見を掘っていっていいのですが、「問い」を立てるには、ちょっとしたコツがありそうです。

さまざまな角度から考える技術

コツは、「問い」を立てるエリアです。左の図を見てください。

中心の人物が「**現在の自分**」です。右上に伸びた線が、過去↓現在↓未来へとつづく時間軸。だ円状に広がっているのが、**身のまわり↓日本社会↓世界**へとつづく空間軸です。

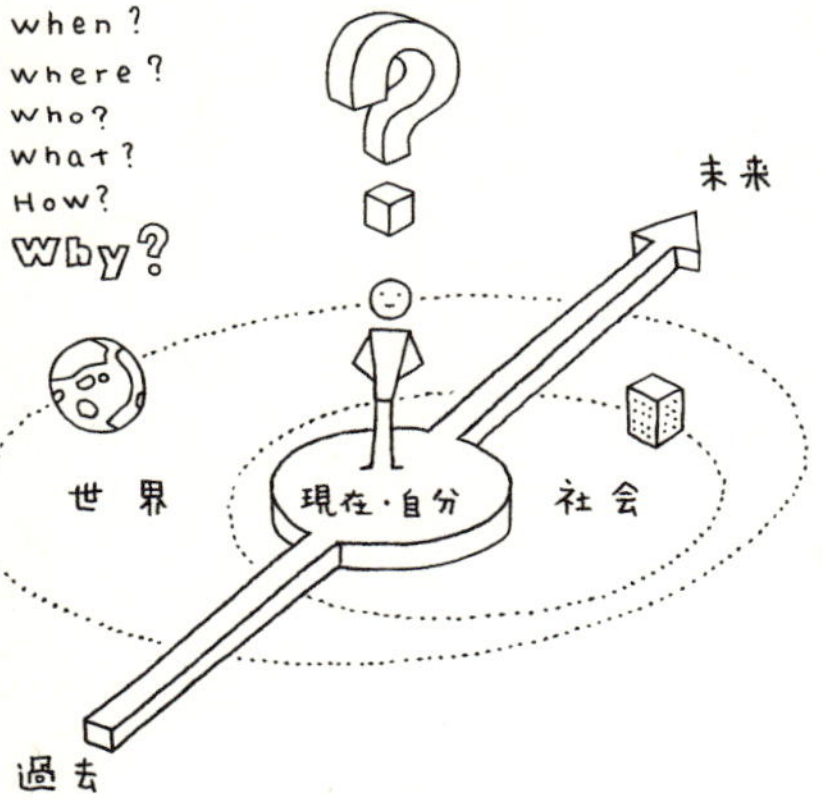

思考がすぐゆきづまってしまう人は、問いを立てるエリアが狭いのです。たとえば、「俺はいま、どうしたらいいんだ?」「俺はなんでこうなんだ?」とゆきづまっている人は、「いまの自分」という狭いエリアにしか問いが立っていません。これでは、ゆきづまるのもあたり前。自分ばかりを照らしていても自分は見えてきません。

そういうときは、「相手へ」「まわりの人へ」「社会へ」と視野を広げてみることで、かえって自分が見えてきます。同様に「いま」を考えたいなら、過去や未来を照らすことです。

そう、少し遠回りして、空間軸と時間軸

に視野を広げて問いを立ててみましょう。

【視野を自分から→相手へ、まわりの人へ】

・相手はいま、どんな気持ちか？
・自分が相手だったら、いま、何をしてほしいか？
・ミスは、自分のまわりの人にどんな影響を及ぼしているか？

【視野を自分から→自分のいる組織へ、社会へ、世界へ】

・この問題と関連のある最新のニュースや社会の動きは何か？
・海外ではどうか、この問題が進んだ国ではどう対処しているか？

「いま自分が抱えている問題はあまりにも小さく個人的なことで、社会や世界とは関係ない」と思うかもしれませんが、そんなことはありません。この時代に、人と関わって生きている以上、自分の問題は、必ずどこかで自分のいる組織や、いまの社会と関わっています。ですから、小さな問題こそ、視野を思い切って広げて、現代の社会背景を見てみたり、日本とうんとギャップのある海外の事情を見てみることで、より、自分の立場がはっきりしてきます。

[視野を現在から↓過去へ↓未来へ]

・現在の仕事の問題点はどこにあるか?
・過去にさかのぼって、ミスはどのような原因・背景から起きたのか?
・1年後、この問題に関してどうなっていたいか?
・3年後、5年後、理想が実現できるとしたら、自分はどうなりたいか?
・3か月後、少なくとも何を変えたいか?
・今後、二度とこのような問題を起こさないためにどうするか?

このように、人、空間軸、時間軸を意識的に移動しながら、できるだけ広いエリアにわたって問いを立てていくことが、思考をのびやかにするコツです。

「問い」を発見してください。あなたが抱く問いには、かけがえのない価値があります。

さあ、こうして、立て散らかした問いこそ、あなたの発想・思考の宝庫です。

ここからどうしましょうか？　その前に、こんなおわびを見てください。

問いを選ぶ技術

このところ、必要以上に「私が、私が、」と自分を責めるおわびを見かけます。

「自虐おわび」と言ったら言い過ぎでしょうか？

一見、「私は悪くない」という自己保身よりはいい気がします。でも、こんな

例2　自虐おわび（？）

> 私が悪いんです。私は、この方面の知識もないし、経験もないし。やっぱりこの仕事、はじめからムリだったんです。私なんか……、私なんか……

おわび（例2）をされて、もうひとつ釈然としなかった人も多いのではないでしょうか？　こういうおわびもまた、なぜ通じないんでしょうか？

ある観点から見れば、「私は悪くない」と自己保身に走る人も、「私が悪い」と自分ばかり責める人も同じだからです。その観点とは、採り上げた「問い」です。

意識しているかどうかは別として、「私が悪い」の人も、「私は悪くない」の人も、握りしめている問いは、「私がいいか、いけないか？」です。

その人の話を貫いている「問い」を、「論点」と言います。「論点」は、その人の「問題意識」、と言ってもいいです。「**論点と意見**」は、「**問いと答え**」の関係にあります。ですから、このまま考えていっても、いいか、悪いかの二元論です。

そして、この人にとって、「私がいいか、いけないか?」それが大問題かもしれませんが、聞く側にとってそれが問題ではないから困るのです。

たとえば、「私のこうむった損害はどうカバーしてくれるの?」「これからどうするのよ?」など、聞く側にとって関心のある問いを扱っていない、だから相手は冷ややかなのです。

話が通じないとき、「自分はいま、どんな問いに基づいて話しているか」、問いをチェックし、修正する必要があります。

一発で通じる話は、自分と相手、両方にとって関心ある「問い」が立っています。相手が関心がある問い、相手が聞きたくてうずうずしている問いに、筋道立てて答えていったとき、相手がすっきり腑に落ちる「説得力」が生まれてくるのです。

問題解決に結びつく、良い問いを選ぶことが大切。問いを選ぶ基準は三つです。

論点（問い） ＝ 私がいいかいけないか？

↓　↓

意見（答え） ＝ いい　or　悪い

1　自分にとって切実な問い
2　相手が興味・関心のある問い
3　要求に叶《かな》った問い

具体的には、先ほどたくさん立て散らかした問いの中から、重要なものを残し、他を捨てていくわけです。まず、「自分が心から考えたい切実な問い」をマークしましょう。紙に書き出しているなら、そのどれか一つを基準にして、自分の胸に問いながら、より切実に響くものにマークします。次に「相手が知りたい、相手にとって切実な問い」にマークしましょう。自分がおわびされる側だったら、このことにぜひ答えて欲しいと思う問いです。自分が関心ある問い、相手が知りたい問い、をつかんだところで、もう少し大きなところから、問いを引いて見て、検証します。

たとえば、「おわび」であれば、「問題解決に結びつく問いかどうか？」あるいは、仕事の「お願い」であれば、それに関わるお客さんや、会社、ひいては社会的に見て、論じる価値のある問いかどうか？

通常は、その三つのせめぎ合いから問いを選んでいきます。でも、「おわび」の際のポイントは、自分より「相手本位」で問いを選んでいくことです。

問いを配列する技術

伝わる話には、相手にとって必要な問いが、筋道立てて並んでいます。私はこれまで、特に企業で編集をしていた16年間に、たくさんおわびの手紙を書きました。形式的な謝罪をしても、自分を責めても、相手は納得しない。試行錯誤の末、私はある「問いの構造」を持つ、おわびの文章を書くようになりました。

おわびにも、一つの正解があるわけではありません。自分なりに工夫していくしかないのですが、相手がどうしても、知りたい問い、状況の中で自分に求められている問いを、まず愚直に洗い出すことが大事なのだとわかりました。

おわびの場合、相手は、自分が受けたダメージをわかって欲しい（**相手理解**）と思っているし、本当に悪かったと認めた上で（**罪の認識**）、ごめんなさいと謝って欲しい（**謝罪**）と思っています。それから、ものを壊された場合の弁償のように、どう償《つぐな》ってくれるのか（償い）にも、大いに関心があります。また、今後こういうことが起きては困る、これからどうするのか（今後の対策）にも興味があります。

「問いの配列」も重要です。たとえば、相手の洋服を汚し、いきなりクリーニング代を渡す、というのでは、「代償さえ払えば」という印象になってしまいます。罪を認め、謝ったあとでこそ、「償い」は生きてきます。また、「今後の対策」だけ打ち出しても、その前に「原因究明」がなければ説得力は出ません。

「問い」を筋道立てて配列するには、たとえば、次のような観点があります。

・相手が知りたいこと→自分が言いたいこと
・時間軸で、過去→現在→未来
・原因→結果
・重要なこと→瑣末なこと

〈おわびの問いの構造　山田の例〉

1. 相手の立場から
この一件を見るとどうか？ ……… **相手理解**

↓

2. 自分の責任・非はどこにあるか？ ……… **罪の認識**

↓

ここで、**謝罪**

↓

3. なぜ、このようなことをしたか？ ……… **原因究明**

↓

4. 二度としないためにどうするか？ ……… **今後の対策**

↓

5. かけた迷惑をどう償っていくか？ ……… **償　い**

バリエーションでもう一つ、「お願い」の文章の問いの構造を見てみましょう。

これも正解はないのですから、自分が頼まれる側だったら気になる問いを「何を頼まれるの？　なぜ自分なの？　だれに、どんなふうに役立つ仕事なの？」と洗い出したり、5W1Hにそって「いつまでに？」「何を？」「どれだけ？」と条件を整理したり、時間軸で、「未来に向け、この仕事で何を目指すのか？」、空間軸で、「社会的に見てどのような意義があるのか？」というように問いを洗い出していきます。以上述べてきたように、

エリアを広げながらさまざまな角度から問いを洗い出す

↓

自分と相手にとって関心あるよい問いを選び出す

↓

相手側から見て問いを筋道立てて並べる

〈依頼文の問いの構造　山田の例〉

1. 私はどういう者か？ ………… **自己紹介**

↓

2. 日ごろ相手の仕事を
どう理解しているか？ ………… **相手理解**

↓

3. 何をお願いしたいか？ ………… **依頼内容**

↓

4. なぜあなたにお願いしたいか？ ………… **依頼理由**

↓

5. だれにどう役立つことを
目指すのか？ ………… **志**

↓

具体的な条件・返信方法・結びのあいさつ等

と、ここまでできれば、あとはそれにきちんと回答していくことで、状況の中で機能するコミュニケーションができます。

そう、言葉も機能美の時代です。おしゃれな言葉、詩的な表現もすばらしいのですが、状況の中でよく働き、人を動かし、状況を動かし、望む結果を切りひらいていく働き者の言葉も美しいと私は思います。そこには、「働き者の問い」が隠れています。

どう考えていいかわからないときは、まず一つ、「問い」を発してみてください。あなたと相手の共通の「なぞ」、ここにこそ、通じ合う接点があります！

3章

共感の方法――人を励ます・誤解を解く

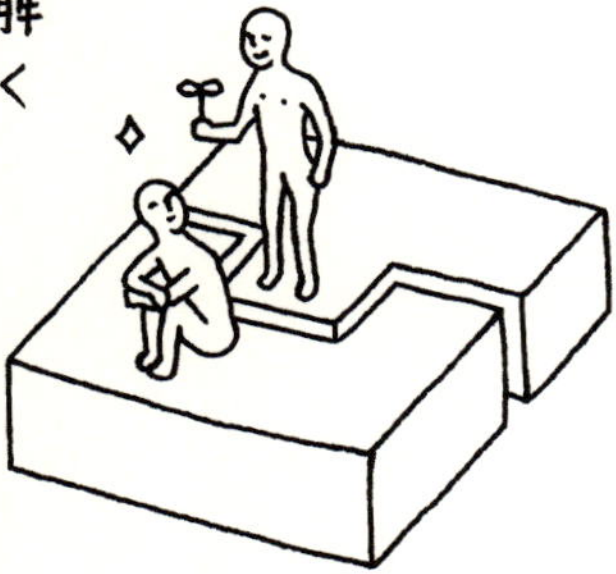

よく、正論を言って孤立する人がいますね。

あれは、どうしてなんでしょう？


3章では、人から「共感」される伝え方を考えていこうと思います。

「人を励ます」「誤解を解く」という具体的なケースで見ていきましょう。

「そもそもなんで共感されなきゃいけないの？」と言う人もいるでしょう。

「正しいと思うことを正しいと言って何が悪いの？」と。私もはじめはそうでした。たとえば、こんな言葉に潜む暴力性にも気づきませんでした。本題に入る前に、ちょっとだけ道草して、私の経験を話させてください。

「はやく元気になって」という暴力

私たちはよく「はやく元気になって」と人を励まします。

私の母は心臓病で、長く入退院を繰り返していたことがあります。当時、若かった私は、自分にできることなら何でもして、1日もはやく、元通りの明るい元気な母にしてあげたいと願っていました。

「はやく元気になって」と母に言うのはもちろん、「元気になったらあれをしよう、これをしよう」とあらん限りの希望の言葉をかけました。「1日でもはやい回復を」と切に願う私の気持ちは、言葉だけでなく、表情や態度に、あふれ出ていました。

しかし、そんな励ましに、しだいに母は「迷惑かけてすまない」を繰り返すようになりました。母はどんどん悪化し、「はやく元気に」という私の努力は、空回りし、焦りや苛立ちへと変わっていきました。とうとう専門病院に移さなければならないまでになりました。

その移った病院で、母は回復の契機をつかんだのです。

それは、お医者さんのあまりにも意外な一言でした。「(心臓病になったのだから、治療しても)もとの(健康体の)ようには元気になりません」という言葉です。

母は、この言葉を大事に胸に抱き、ことあるごとに自分にもまわりにも、言い聞かせました。母は順調に回復し、以降、入院することもなく元気です。

私は母に希望の言葉だけをかけ、少しの暗さも見せまいとしていました。ところが、お医者さんの言葉は、それをだいなしにするものです。

なのになぜ? 母は、お医者さんの言葉で立ち直ったんでしょうか? 続きは後ほど。では、レッスンに入りましょう。

ケーススタディ・同期を励ます

悩んでいる人を励ます。たとえば、それが職場の同期だったらどうしますか？ これは、企画が通らなくて落ち込んだ同期を励まそうとしたメールなのですが……。

件名　データにとらわれすぎでは

田中くん
「なかなか通らない」と悩んでいた企画書、見せてもらいました。
田中くんも、近ごろ主婦向け企画というものがわかってきたなと感心しました。

でも、ここは同期のよしみで、あえてはっきり言わせてもらいます。

まじめなのは田中くんのいいところだけど、データにとらわれすぎです。

調査結果がこうだから、企画もこう、と杓子定規《しゃくしじょうぎ》に考えすぎでは……。そんな理屈でこねあげたものに、いまどきの主婦はワクワクしないと思います。

最近読んだ『驚愕の企画術』という本で、佐藤先生も「調査結果をそのまま商品化したようなものは予定調和だ」とおっしゃっていました。

もっと発想を柔軟にして！　がんばろうよ！

鈴木令子

私がまず思ったのは、田中さん、同期からこんな目線で見られたらつらいだろうな、ということです。高いところから見下ろされている感じ。たとえば、

1「私はこの企画ではワクワクしない」という自分の目線ではなく、「主婦はワクワクしない」と、一段高いところから相手の作ったものを見ている。

2「最近読んだ本で佐藤先生がこうおっしゃっていた」と引用している。これも、目線が高くなる原因。文献とか、何かの権威を借りてくると、自分の身の丈《たけ》を越えた、エラそうな、押しつけがましいことを言いやすい。

3 結局は、まじめな田中くんに「柔軟になれ＝変われ」と押しつけている。変われと言うだけで、相手は変われるか？　しかも非常に抽象的。

「**相手にとっての意味**」（伝わる要件の6番目）をチェックしてみましょう。書くほうは、「励まし」のつもりで書いた。しかし、相手にとってこれは何か？同期からの「**批評**」「**アドバイス**」、ひとつ間違うと「説教」です。

「アドバイス」になると、ついつい相手より目線が高くなってしまいます。たとえば、高校生が朝礼の校長先生の話を聞いて、「校長先生も、近ごろ教育のことがわかってこられたなと感心しました」と言うとヘンですよね。「そこで校長先生、あの話の構成はイマイチでしたね……」これもますますおかしい。問題は、褒《ほ》める褒めないではないのです。**目線が高いことが問題なのです。**一段高いところから見下ろされることで褒められても、相手は傷つきます。

正論はなぜ通じないのか？

正論が通じない理由のひとつは、**正論を言うとき、自分の目線は、必ず相手より高くなっているからです。**

相手は、正しいことだからこそ傷つき、でも正しいから拒否もできず、かといって、すぐに自分を変えることもできず、「わかっているのにどうして自分は変われないんだ」と苦しむことにもなりかねません。正論は、相手を支配します。ですから相手は、あなたのことを「自分を傷つける人間だ」と警戒します。そう、あなたの「メディア力」が下がってしまいます。だから、あなたの言う内容が、どんなに正しく、相手の利益になることでも、相手は耳を貸そうとしないのです。

問題は、言いにくいことをズバッと言う言わないではありません。問題は、メッセージをどう相手に届けるか、です。そのために、まず自分という人間が相手から共感されることが、コミュニケーションの初歩として大切です。

何か正しいことを言うなら、相手との関係性をよく考えてください。言葉は関係性の中で、相手の感情に届きます。

同期のような対等な関係、あるいは、相手のほうが立場が上の場合、たとえ「励ます」のであっても、相手より目線が高くなってないか、気を配ってみましょう。具体的にはどうするか？　例をあげてみます。

件名　私も悩んでいたので

田中一雄さん

企画書を見せてくれてありがとう。主婦の「時間」に目をつけたところが、私はすごくいいと思いました。これは田中さんのオリジナルですね。私も企画に悩んでいたので、田中さんの企画書はとても参考になりました。

私は昨年まで企画が連戦連敗で、半分やけになって、どうせ通らないなら、自分が本当につくりたい商品をつくってやれ、と思って出した企画がありました。

自分の切実な想いみたいなところから出発して、私が主婦だったらどんな物が欲しいかをイメージして企画してみたら、その企画が通ったんです。

そのとき、自分はそれまでデータに頼りすぎていたなと気づきました。主婦の調査から出てきた結果をつなぎ合わせて、商品にしようとしていたと。

でもその後、すいすい企画が通り……とはいかないから、いま悩んでいるんですよね。

だからいまは、自分のつくりたいものと、主婦の求めるものとのせめぎ合いの中から企画を立てていくようにしています。データとは違う自分の軸をどう持つか、そこが悩みどころです。

今度、私の企画書も見てもらっていいですか？

鈴木令子

目線が対等ですね。「相手にとっての意味」は、批評・アドバイスではなく、同じ悩みを持つ同期が、「話を聞いてくれ」と言ってきた位置づけになります。

私たちは、悩んでいる人を見ると何かアドバイスしなければと思います。すると相手を高いところから見たり、相手の非を指摘したり、相手に「変われ」と押しつけたりしやすくなります。目線が高くならないようにするポイントは次です。

1　まず相手理解をしっかりと

褒める・励ますのではなく、相手への理解や共感を、正直に示す。相手のやっていること、日ごろの取り組みを、自分はどう理解しているか、どんなところに共感しているか。相手や相手のやっていることをよく見、よく知ることがポイント。

2　背中を見せる

「悩んでいる相手」に何か言うのでなく、「相手が悩んでいる問題」に目を向け、同じ問題に対して、自分ならどう変われるか？　変わったか？　を考えてみる。

3　自分の経験に基づいて話す

自分の身体を通して実験済みのことほど、具体的な素材はない。

自分の身の丈を越えることがなく、しかも、偉い人のコメントのように押しつけがましくない。

4　「問い」を共有する

最初の例では、「発想を柔軟に＝変われ」と言っている。「答え」を与えようとすると、こうなりがち。むりに答えを押しつける必要はない。たとえば件名が「私も悩んでいたので」のメールのように「自分の軸をどう持つか？」といった「問い」を共有してみる。「問い」には、人に考えさせる力がある。「問い」が響けば、相手は自ら答えを探し、行動に移していく。

人を励ます言葉

さて、ここで一息入れて、ふたたび、私の母の話にもどります。

母の退院からしばらくして、こんどは私が不治の病を宣告されたことがあります。後からそうではないとわかったものの、その時点ではショックでした。「一生薬を飲み続ければ、日常生活に支障はない」と言われても人生が暗転したようでした。

そのとき、私が人から言われて一番つらかった言葉が、「健康が一番」という言葉でした。「私の病気は、どうやっても治らない。人が一番大事だという健康はもう、私には永久に手に入らないのだ」という気持ちになり、「健康第一」と言われるたびに、周囲から切り離されるような痛みを覚えました。

そんな私に、仕事上でも、人生の師としても尊敬している先生から一通の手紙が届きました。そこにはこうありました。

「不謹慎と思われるかもしれませんが、山田さんの病気、私は、お友だちが１人増えたような気がしています。これからは、山田さんと、病気と、私の３人で、しっかりと肩を組んで歩いていきましょう」

身体の芯からすべてが癒される気がしました。実際、数か月後、別の病院で、その病気ではないことがわかりました。誤診だったのか、本当に癒えたのか。

私は、母に対して犯し続けていた間違いにやっと気づきました。

続きは後で。さあ、レッスンに戻りましょう。

ケーススタディ・誤解を解く

相手が誤解して、攻撃してきたような場合、いったいどうしたらいいのでしょうか？　たとえば、こんな会話を見てください。

主婦A「おたくの花子ちゃん、今年、お受験だそうですね」
主婦B「ええ、もう大変で……」
主婦A「それでBさん、うちの太郎みたいにだけはならないようにって、ご近所に言ってるそうじゃありませんか」
主婦B「え？　だれがそんなこと？」
主婦A「そりゃあ、うちの太郎は去年、お受験に失敗しました。でもそんな言い方って……」

主婦Ｂ　「ちょっと待ってください。私、そんなこと言ってません！」
主婦Ａ　「わかってますから……」
主婦Ｂ　「言ってません！　Ａさん、そんないいかげんな噂信じて、確認もせず……」
主婦Ａ　「ちゃんと確認しました！」
主婦Ｂ　「じゃあ、だれが言ってたんですか？　それなら証拠を見せてください！」
主婦Ａ　「私は、太郎の耳に入ったらと思うと、もう心配で……」
主婦Ｂ　「そんなことより、ご近所のだれが言ってたのかと聞いているんです！」
主婦Ａ　「そんなこと!?　太郎の気持ちはそんなこと!?　ですか？」

この場合、主婦Ｂに、まったく身に覚えがないとして、どうしてこういう場合、「それは誤解だ」がなかなか通じないのでしょうか？

もしもあなたが相手から誤解を受けているとしたら、相手が疑っているのは、あなたがそういうことを言ったか言わなかったかというよりも、あなたそのものです。そう、相手に対するあなたの信頼性＝メディア力が弱っています。

さらに、誤解を受けた場合、興奮して、「それは違う」「誤解だ」「嘘を言うな」を連発することになります。これは、相手からすれば、自分の言っていることを頭ごなしに否定されまくっている状態です。この例でも、「いいかげんな……」「証拠を見せろ」と、相手の判断力そのものを否定している感じになってしまっています。相手は感情を害する。

つまり、誤解を受けていることと、相手を否定し相手の感情を害したことで、二重にメディア力が下がってしまう。だから、自分の言っていることが、ふだんのようには通じなくなってしまうのです。

自分のメディア力を回復する

誤解されたら、落ち着いて二つのことを考えてください。自分のメディア力を回復することと、「白いカラスの論法」です。説明します。

1　自分のメディア力を回復する

自分が信頼されていないと、自分が言っていることも信頼されません。「言った」「言わない」「嘘をつくな」「そっちこそ嘘を言うな」と小競《こぜ》り合いを続けているうちに、相手は不快になり、自分のメディア力は下がる一方です。メディア力が下がりきったら、もう、何を言っても信じてもらえません。細かいことは後回し。もっと大きな目で見て、相手から見た、自分の信頼性そのものを回復することを目指しましょう。つまり、

まず、自分の信頼性を回復し、聞いてほしいことを聞いてもらえる状態をつくる
←自分の言いたいことを伝える
←細かい確認をする

という順番です。どうやってメディア力を回復するか？　次の論法を参考にしてください。

2　白いカラスの論法

たとえば、あなたが「カラスを白だと言った」と誤解されたとします。たいていは、カッときて、「私がカラスを白いと言ったって？　とんでもない。私はそんなこと言ってません。言ったんなら証拠を見せてください……」とやってしまいがちです。

そうではなく、まず、「問い」をはっきりさせましょう。

1　問題の一番根っこの「問い」は何か？　↓　カラスは何色か？
2　相手はそれについてどう思っている？　↓　黒だ
3　自分はそれについてどう思っている？　↓　黒だ

これがわかったら、大丈夫。「カラスって黒いですよね」で通じ合いましょう。自分も相手も想いは同じ、だって、もともと誤解なのですから。「カラスは黒い」が共感ポイントです。先ほどの例でやってみましょう。

主婦A　「そりゃあ、うちの太郎は去年、お受験に失敗しました。でもそんな言い方って……」

主婦B　**「あの、Aさん、私も太郎くんをいい子だと思っているんです。家《うち》のおばあちゃんにいつもやさしくしてくれるし、私にもいつ**

もあいさつしてくれます。それはなかなかできることではありませんよね。本当に心のやさしい、賢い子だと、私は、いつも思っているんです」

主婦A「……」

主婦B「花子も小さいときによく遊んでもらったし、いいお兄ちゃんだと思っているんです」

主婦A「いえ、あの、」

主婦B「太郎くんがあんないい子に育っているのは、Aさんがしっかりされているからです。そのAさんが、こうして疑っていらっしゃるのは、よっぽどのことがあったんでしょう。でも、信じてください。私は、決してそんなことは言っていません」

主婦A「……。じゃあ、どうして、Bさん……」

主婦B「落ち着いてお話を聞かせてくれませんか。どうしてそうなったのか、確認をしましょう」

この場合、主婦Aが一番問題にしているのは、言った言わないよりも、「あんた、うちの子をバカにしたわね」ということです。

白いカラスの論法でいくと、

1 問題の一番根っこの「問い」は何か？ ↓ うちの息子をどう思うか？
2 相手はそれについてどう思っている？ ↓ わが子だから当然大切
3 自分はそれについてどう思っている？ ↓ 心のやさしい、賢い子

だったら、四の五の言わずに、一発で、「太郎くんっていい子ですね」で通じ合いましょう。だって、二人とも本当にそう思っているのだから。

右の例のように、前後の文脈に関係なく、唐突でもいいから、思い切って実感をこめて、共感ポイント（ここでは「太郎くんはいい子」）を伝え切りましょう。

コツは二つ、コミュニケーションのできるだけはやい段階でやることと、嘘を

つかず正直にやることです。

いざこざが進んで、後のほうで言っても、こじれた後だともう信用してもらえません。

また、すでに誤解されているのだから、このうえ嘘くさいと思われたら致命的です。自分に嘘をつかずに表現してください。「共感ポイント」は、パンチのように、はやく、確実に、正直に決めてください。

相手側から見てみると、お互いの共感ポイント「太郎くんはいい子」を告げられると、こういう感じがします。

「Bさんって、うちの子をバカにしたとんでもない人かと思ったら、あら、意外にまともなことを言うわね。ま、こんなBさんの話なら聞いてあげてもいいか……」。つまり、

共感ポイントで通じ合う

↓

あなたのメディア力が回復する
↑
話を聞いてもらえる

という順番です。

共感ポイントがうまく見つからない場合は、日ごろの相手への理解や共感を、積極的に伝えるのも効果があります。

相手はその理解が正確であれば、あなたへの信頼を回復します。

これも歯の浮くような褒め言葉や、お世辞を言うのでは逆効果。あくまでも、本当の思いに嘘をつかず、正直にやりましょう。

「通じ合う」という問題解決

再び私の母の話にもどって、「はやくよくなれ、はやくよくなれ」を突きつけていたころの私は、「お母さんは大好きだけど、お母さんについた病気は忌まわしい、大嫌い」と言っているようなものでした。母はどんな気持ちだったでしょう。母と病気は切っても切れない。自分の一部を忌み嫌われたような寂しさを感じるか、はやく元気になろうとして焦り、元気になれない自分を責めたに違いありません。

「はやく元気になって」という言葉には、「元気でない状態はよくない」という価値観が無自覚なまま入り込んでしまいます。それが、すぐには元気になれない人を威圧する場合があることを、それから私も心して使うようになりました。

「もとのようには元気にならない」と言った医師の根底には、病気のある日常もまた自然のこと、と受け入れる価値観があります。だから母は安らぎを覚え、焦ることなく、病気のある日常に向き合えたのです。

今回、「励まし」と「誤解を解く」というケースを見てきました。「相手を元気にしてやろう」とか、「間違いを訂正しよう」とすることよりも、「通じ合う」ということが、いちばんの問題解決になっていると思います。落ち込んでいる人は、たった一人、通じ合う人がいれば力が湧くし、事実の究明より先に、自分と相手が一つの共感ポイントでしっかり通じ合えば、誤解は解けはじめます。

ストレスとは、自分の想いがうまく通じてないことから起こっているのではないでしょうか。今日、あなたが人と通じ合うことには、莫大な価値があると思います。

4章

信頼を切りひらく！

メッセージの伝え方

レッスンのしめくくりは、信頼を切りひらくメッセージの伝え方です。

相手から信頼されることは、就職活動など社会にエントリーするためにも、社会生活で人を動かしていくうえでも、要《かなめ》となります。

ここでは、「部下にやる気をわかせる指示の出し方」、「志望理由書」というケースを採り上げますが、学ぶポイントは、幅広いシーンで他者との信頼を築くのにも使えます。

短いやりとりで信頼される人がいますね。どうしてなんでしょうか?

信頼を得る伝え方のポイントは二つ。「つながり」と「相手理解」です。順に説明していきましょう。

信頼されない条件とは？

逆を考えるとよくわかることがあります。たとえば、まったく信頼されない人の条件って、何でしょう？

こんな人がいたら、あなたは信頼できますか？

「昨日の私は、今日の私ではない。昨日までの私は、ぜんぜん今日の私につながっていない。明日の私は、今日の私ではない。今日の私は、何一つ、明日の私につながらない」

では、いつのあなたを信じたらいいの？　これからどうなってしまうの？　あなたって何なの？　となってしまいますね。

これは、つながりの危機です。

過去から現在そして未来へと続く時の中で、その人がなんのつながりも、脈絡も持たず、ブツッ、ブツッと途切れた感じでいる。こういう状態は不安になります。これは、笑い事ではありません。

たとえば、人事異動で、いままでとまったく違う部署に行った人が、がくんとやる気を失ってしまうことがありますね。これは、「昨日の私は、今日の私ではない」と、突然、連続性を失ってしまうからなんです。

「いままで営業で20年がんばってきた私は、今日の私ではない。では、いままでがんばってきた自分はどうなるんだろう？　明日の私はどうなるんだろう？　私は何なんだ?」と、過去→現在の連続性がなくなることで、未来も見えにくくなる。このような場合も、異動を告げる上司の言葉、人事の人の言葉で、ずいぶんと精神的には支えられると思うのですが。それはあとでお話しするとして。

ともかく、このように、連続性がまったく見えないと、人は不安になります。

時間をタテとすれば、ヨコにもつながりの危機はあります。たとえば、こんな人がいたらどうでしょう。

「私は人や社会と関わっていない。私がやっていることは、まったく社会とリンクしていない。だれにも何の役にも立っていないし、だれともカンケイしていない」

こういう人も、じっくりつきあって中身がわかれば信頼は生まれると思いますが、しかし初対面の人にこう言われると、なんとなく不安になりますよね。

はじめての人にも信頼される条件

信頼されない条件をひっくり返すと信頼の条件が見えてきます。
そう、「つながり」を示すことです。

1 過去→現在→未来という、時間の中での、その人の連続性
2 その人と、人や社会とのつながり

会社の名刺を見せれば一発で信頼してもらえるというのは、その会社が持つこのようなタテ・ヨコのつながりのおかげです。つまり、会社の歴史・将来性・社会性などが、広く人々に認知されているから、あなたは説明をすっとばし、自由に動きまわれるのです。

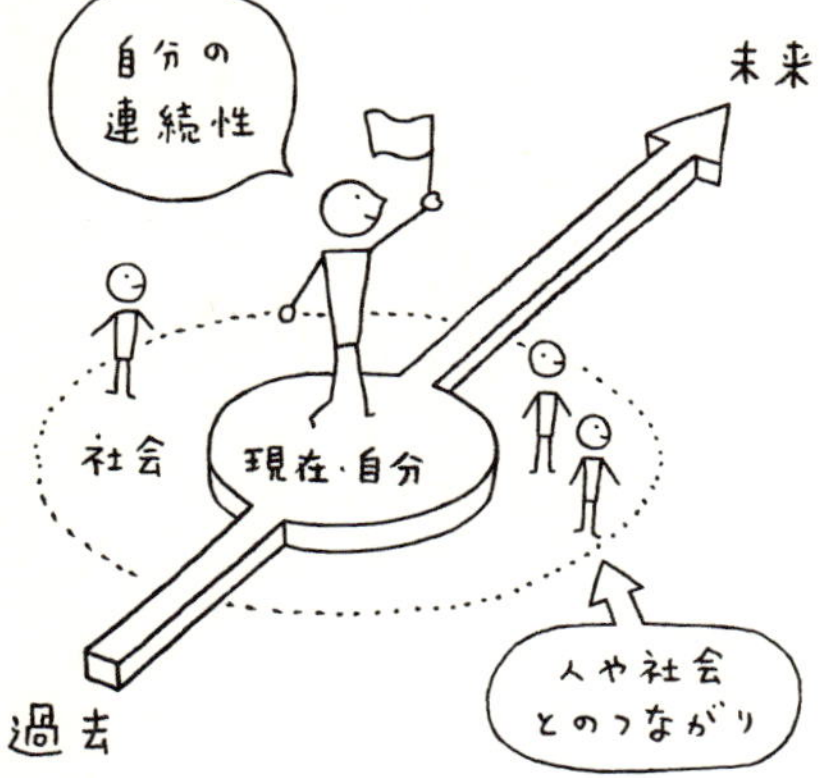

だから、ショートカットで信頼を得る名刺がなくても大丈夫。過去→現在→未来、あるいは、人や社会とのつながりの中で、しっかりと自分を説明していけば、はじめての人にも、信頼される可能性は大です。「つながり」が見えることで、人は安心し、その結果、信頼感が出てきます。これは、自分を信頼してもらうときも、人を動かすときも同じ。

では、それを具体的なケースで確かめてみましょう。

部下にやる気をわかせる指示の出し方

「部下に仕事の分担を告げたら、とたんに雰囲気が悪くなった、メールを開けたら文句がいっぱい」

「部下に仕事をふりづらくて、結局自分でかかえこんでしまっている」

こんな悩みは、決してリーダーだけのものではありません。仕事で同僚やスタッフに指示を出す、趣味や地域の活動で人に仕事をふる、といったことは多くの人にあります。

同じ仕事をふるのに、一瞬でやる気をなくさせる言い方と、やる気を奮い立たせる言い方。この差はどこから生まれるのでしょうか？

私自身、企業で編集をしていた16年間に、上司の側も、部下の側も経験しました。あるとき異動になったのですが、送り出す側の上司は、それまで、私が編集

で成果を出していたことを認めた上で、

「山田さん、新しい部署の人に、こんなスゴイ編集の世界があることを教えてやってくれ！」

と言ってくださったのです。愛着のある仕事を離れるのは辛いことですが、この言葉にずいぶん癒されました。

ところが、新しい上司は、もとの上司と人事が「編集実績が生きるように」と配慮したポストと、まったく違うポストに行けと言いました。異動で、送り出す側の意図と、行った先の配属が変わることはよくある話なのですが、それは、どう割り引いても私がこれまでやってきたこととつながらないところでした。

なにより新しい部署の上司は、たった一言で私のやる気をなくさせたのです。

それは、新部署にあいさつに行って、初対面、開口一番に、新上司が言ったこの言葉でした。

「山田さん、あなた、何年目？」

異動者の社歴やこれまでの仕事などは、人事を通して資料が渡っているはずです。でも、新上司は、それを見ていないのか、読み飛ばしてしまったのか、とにかく、私のそれまでの仕事が頭に入っていないことを伝える言葉でした。

まさにつながりの危機です。

「昨日の私は、今日の私ではない。昨日までやってきたことは、今日はまったく理解されない。今日がんばっても、こんなふうに、明日また理解されないかもしれない……」

同じ、異動者に最初にかける言葉でも、

「編集をがんばっていた山田さんですね、人事から聞いていますよ」

などだったら、たった一言でもずいぶんやる気は変わってくると思います。

過去→現在→未来で伝える「やりがい」

過去→現在→未来のつながりの中で指示されると、人は、意味・やりがいを感じます。

たとえば、「編集をがんばっていた山田さんですね」という言葉は、その人の過去を受け取っていますよ、これから頼む仕事は、「**過去→現在**」のつながりがありますよ、ということを期待させるので、相手は安心します。

もとの上司の言った、「新しい部署の人に、こんなスゴイ編集の世界があることを教えてやってくれ！」という言葉には、「**現在→未来**」のつながりが見えます。異動を告げる、指示を出す、仕事をふるなど、「人を動かす」ためには、相手の**過去→現在→未来**の時間軸での連続性を重視して伝えてみましょう。

●ケーススタディ　部下に異動を告げる

たとえば、医療機器を作る部署に5年いた田中さんに、営業に異動してもらうとします。

1「意見と論拠」をはっきりと

この場合も、コミュニケーションの大原則にのっとって「意見と論拠」で伝えていけばよいのです。つまり、「田中さんにどこに異動してもらうか」をはっきり伝え、その「理由」を筋道立てて説明すればいいのです。

2「目指す結果」をイメージ

目指す結果を、はっきりと「田中さんのモチベーションをあげる」ことにおいてみましょう。ただ字義どおりの説明をすればいいのではなく、波風立たないように言う、というのでもありません。

3　論拠に相手の「過去→現在→未来」のつながりを示す

論拠のところを、相手の「過去→現在」、または「現在→未来」、あるいは「過去→現在→未来」のつながりが見えるように、時間の順番で筋道立てて伝えていきましょう。

例をあげます。

［悪い例］

×　田中さん、来月から「営業」に行ってくれないか（意見）。営業は、2人も辞めて、いまてんてこまいなんだそうだ（論拠）。ひとつたのむよ。

人手不足という会社の都合はわかったが、田中さんの過去→現在→未来のつながりが一つもないので×。

［意味・やりがいが伝わる例］

◯　田中さん、来月からぜひ、「営業」で活躍してほしい。きみはこの5年で技術面を非常によく理解している。いま、現場に出ても専門的な質問に答えられない営業マンが多くて困っているんだ。きみなら取引先から専門的な相談がきても大丈夫、技術開発と現場の架け橋になれると期待している。（過去→現在）

◯　田中さん、来月からぜひ、「営業」で活躍してほしい。きみは将来、技術者としてやっていきたいか、あるいは、営業や経営などほかの方面に行きたいのだろうか？　いま、医療現場のニーズと技術開発者の想いに距離があるのが問題だ。将来田中さんがどちらの道を進むにしても、ここで現場を知っておくことは貴重なキャリアになると思う。（現在→未来）

右の二つをつなげて、「過去→現在→未来」のつながりで伝えると、さらに効果的です。

人や社会とのつながりで伝える「やりがい」

　同様に、人や社会とのつながりが見えることで、仕事のやりがいは見えてきます。論拠のところで、「**その仕事は、だれに？　どのように役立つのか？**」「**社会にどのような影響を与えるのか？**」を示すようにしてみましょう。たとえば、私自身リーダーをしていて、メンバーに仕事を頼むときに、このようにしていました。

×「Aさん、この教材を作って欲しい」（人や社会とのつながりが見えない）

○「Aさん、この教材を担当して、読者の全国の高校生に、自分の頭でものを考える機会を与えてあげて欲しい。いま、やりたいことが見つからない若い人が増えているけれど、考える力がつくことでその突破口になるんじゃないかと思う」

（だれにどう役立つか、いまの社会背景とのつながりが見える）

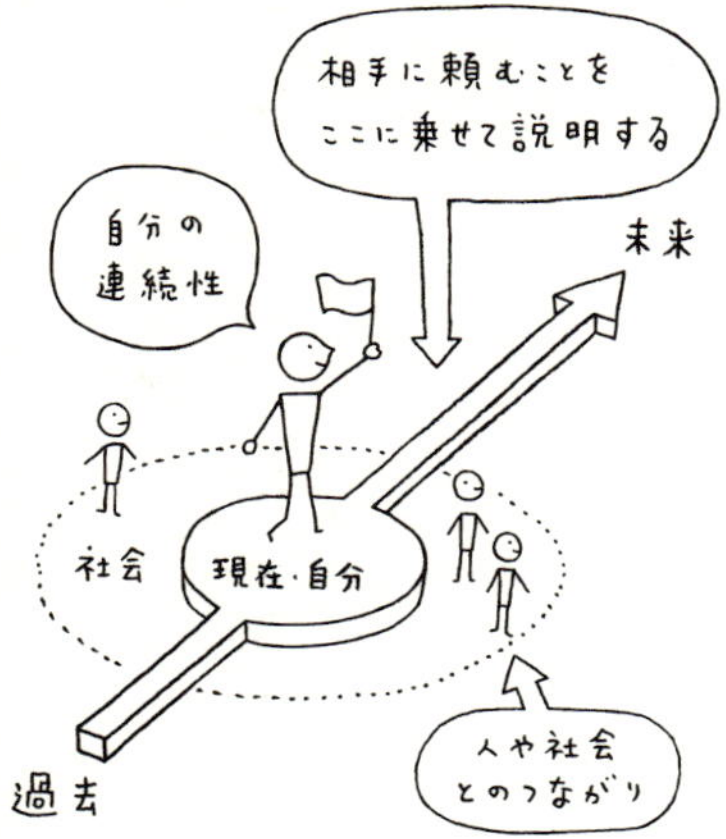

1　いままであなたがやってきたことをどう理解しているか？

2　そこであなたに頼みたいことは何か？

3　それは、あなたのこれまでとどうつながっているか？

4　いま、そのことをめぐる社会背景はどうか？

5　これからあなたがやることは、人や社会にどう役立つか？

6　それは、あなたの将来にどうつながっていくか？

短いやりとりでなぜあの人は信頼されるのか？

私は企業で編集者をしていたとき、おもに先生に原稿を頼む側でした。周囲には、短いやりとりでも一発で先生の信頼を得て、仕事を引き受けてもらえ、まるで旧知の間柄のように話がはずむ編集者もいれば、同じ先生に対して信頼はおろか、怒らせてしまう編集者もいました。その差は何だろう？　という問題意識がずっとありました。

フリーランスに転向してからは、立場が逆になり、頼まれる側にまわりました。あるとき、短い期間に、似たような趣旨の依頼を受けて、20人以上の編集者さんと立て続けにお会いしたことがあります。まるで依頼の品評会を見ているようでした。驚くことに、ミーティングをはじめて1時間もたたないうちに、全面的に信頼を寄せてしまっている編集者さんがいます。そういう人はもう、依頼の手紙をいただいたときから「何か」が違っています。

四の五の言わなくても相手から一発で信頼される、その「何か」って何？　この数年ずっと考え続けてきて、一つだけ、核心に近い答えが浮上しつつあります。

それは、私が一発で信頼する相手は、「私への理解が適確」だということです。

だれでも自分のことは、自分が一番よくわかっています。自分が歩いてきた歴史、その中で自分が大切にしてきたもの、自分ががんばってやりとげたこと、自分が作ったもの、自分が求めているもの。

そこへもし、相手から、正確で深い理解の言葉が、パンチのように繰り出されたら、一発で警戒が解け、相手を信頼する、ということがありえないでしょうか？　自分で自分のことを言葉にする以上に、正確で深い理解が寄せられたなら……。信頼を切りひらくコミュニケーションのポイントは、先ほど述べた「つながり」ともう一つ、「**相手理解**」です。

相手とのファーストコンタクトや、コミュニケーションの要所で、「自分は日ごろ、相手のやっていることをどう理解しているか？」「そのどこを、どんなふうに良いと思っているか？」」、照れずにしっかりと伝えてみましょう。

私自身は、自分の頭でものを考え、自分の言葉で表現する人が、もっと増えたら、世の中はもっと自由で面白くなると思っています。そのために、人が持つ、考える力・書く力の教育に20年以上取り組んできました。そこに、正確で深い理解や共感を寄せてくださると、たちどころに、相手に対する警戒心が解けていきます。受けたいと思う依頼文には、必ず、私の仕事への適確な理解が書かれています。


理解は、お世辞とは違います。

どんなに褒めても、その理解が正確でなければ相手は傷つきます。たとえば、容姿ではなく演技力で勝負したいとひたすら努力を積んできた女優さんに、「かわいいね」と連発しても、それは理解になりません。

褒めるのは相手をよく知らなくてもできるからです。理解は、相手をよく知り、相手の仕事などをよく見ていないとできないことです。

「相手理解」を伝えることは、相手のアイデンティティのような部分に触るので、はずれれば、相手を傷つけるにとどまらず、自分自身の理解力や判断力、感覚の貧しさを披露してしまうことになります。それだけに、「相手理解」が適確だったとき、それは、自分では意図しなくても、自分の理解力や判断力、感覚の正しさを、実に雄弁に相手に伝えています。だから、相手が歓ぶだけにとどまらず、一発で「信頼」の橋が架かるのです。

志望理由書を書く

就職などの「志望理由書」を書くときも、ポイントは「つながり」と「相手理解」です。細かいことはいいので、まず、次のページで、自分のタテ軸とヨコ軸を整理してみましょう。

2.志望する会社や仕事に対する理解

志望する会社や仕事をどのようにとらえているか?

4.将来の展望

1.2.3を踏まえ、将来、自分は何をしたいのか?

自分を社会にデビューさせる企画書をつくる

1.現代社会認識

目指す業界をめぐって、今の社会をどのように考えているか?

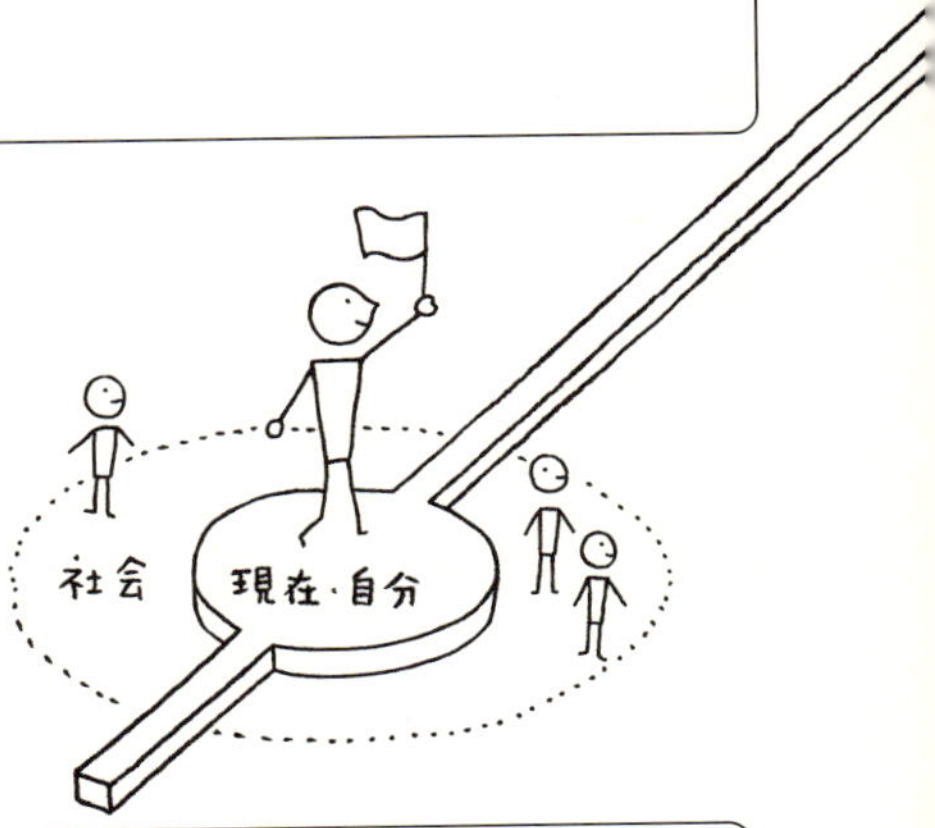

3.自己理解

どのようなことに興味やこだわりを持って生きてきたか?

もっともシンプルな志望理由の構成

1　私は、この仕事をめぐるいまの社会をこう見ています。**（現代社会認識）**

2　私は、この仕事と御社をこう理解しています。**（相手理解）**

3　いままで生きてきた私は、このような経験・興味・長所を持っています。**（自己理解）**

4　そこで私は、この仕事に就いて、将来、このように人や社会に貢献していきたいと考えます。**（意志）**

自分は過去から現在まで、どのような経験をしてきて、いま何を想い、どんな長所を持ち、未来に向けてどのような志を持っているか、という、自分の過去→現在→未来のつながりの中で、**自分の主旋律**をはっきりと示すこと。

そして、もう一つ、自分のやりたいことは、その組織や、人や社会とどうつながるか、どう役立つかをはっきり出すことです。

志望理由と言えば、自己ＰＲばかりにとらわれがちですが、相手理解、つまり、相手の会社や仕事への理解の正しさ、深さで信頼を築くことができます。

この中でもとくに大切なのは、いまから未来に向けてどうしたいか、あなたの**意志＝ＷＩＬＬ**です。

おわりに

以上、コミュニケーションのイロハからはじまって信頼を得るまで、基礎を一気に見てきました。一気にゴールに駆け上がるからこそつかめる全体像がありま す。これでコミュニケーション基礎入門は完了です。次は実地。コミュニケーションは水泳と同じ「実技」です。実生活の中で自分の想いや考えを、一つでも、二つでも言葉にして磨いていく中で、基礎は実力に変わります。

本書を閉じたら、目指す相手に伝えに行きましょう!

あなたには話すチカラの基礎がある。

本書は、日本放送出版協会より刊行された『想いが通じる！　コミュニケーションレッスン』を、文庫収録にあたり加筆し、改題したものです。

山田ズーニー（やまだ・ずーにー）
文章表現・コミュニケーションインストラクター。

岡山県生まれ。一九八四年ベネッセコーポレーション入社。進研ゼミ小論文編集長として高校生の「考える力・書く力」の育成に尽力する。

二〇〇〇年独立。フリーランスとして「人の持つ考える力・表現力を生かし伸ばす」教育にたずさわり、活躍中。中高生、大学生から社会人、教師、プロのライターまで幅広い層に圧倒的支持を得ている。執筆の他、講演、大学の講義、企業研修、テレビ講座、ワークショップなども好評。特に表現教育のワークショップは、「言いたいことがきちんと自分らしい言葉で表現できる！」と全国各地で感動を生んでいる。

著書に『伝わる・揺さぶる！文章を書く』『あなたの話はなぜ「通じない」のか』『考えるシート』、「ほぼ日刊イトイ新聞」の人気連載コラムをまとめた『おとなの小論文教室。』『理解という名の愛がほしい─おとなの小論文教室。Ⅱ』『17歳は2回くる─おとなの小論文教室。Ⅲ』『おとなの進路教室。』がある。「ほぼ日刊イトイ新聞」に「おとなの小論文教室。」連載中。

知的生きかた文庫

話《はな》すチカラをつくる本《ほん》

著者　山田《やまだ》ズーニー
発行者　押鐘太陽
発行所　株式会社三笠書房
〒一〇二─〇〇七二　東京都千代田区飯田橋三─三─一
電話〇三─五二二六─五七三四〈営業部〉
〇三─五二二六─五七三一〈編集部〉
http://www.mikasashobo.co.jp
印刷　誠宏印刷
製本　若林製本工場

ISBN978-4-8379-7626-4 C0130

「知的生きかた文庫」の刊行にあたって

「人生、いかに生きるか」は、われわれにとって永遠の命題である。自分を大切にし、人間らしく生きよう、生きがいのある一生をおくろうとする者が、必ず心をくだく問題である。

小社はこれまで、古今東西の人生哲学の名著を数多く発掘、出版し、幸いにして好評を博してきた。創立以来五十余年の星霜を重ねることができたのも、一に読者の私どもへの厚い支援のたまものである。

このような無量の声援に対し、いよいよ出版人としての責務と使命を痛感し、さらに多くの読者の要望と期待にこたえられるよう、ここに「知的生きかた文庫」の発刊を決意するに至った。

わが国は自由主義国第二位の大国となり、経済の繁栄を謳歌する一方で、生活・文化は安易に流れる風潮にある。いま、個人の生きかた、生きかたの質が鋭く問われ、また真の生涯教育が大きく叫ばれるゆえんである。

そしてまさに、良識ある読者に励まされて生まれた「知的生きかた文庫」こそ、この時代の要求を全うできるものと自負する。

本文庫は、読者の教養・知的成長に資するとともに、ビジネスや日常生活の現場で自己実現できるよう、手助けするものである。そして、そのためのゆたかな情報と資料を提供し、読者とともに考え、現在から未来を生きる勇気・自信を培おうとするものである。また、日々の暮らしに添える一服の清涼剤として、読書本来の楽しみを充分に味わっていただけるものも用意した。

良心的な企画・編集を第一に、本文庫を読者とともにあたたかく、また厳しく育ててゆきたいと思う。そして、これからを真剣に生きる人々の心の殿堂として発展、大成することを期したい。

一九八四年十月一日

押鐘冨士雄

知的生きかた文庫

驚異の視力回復法

中川和宏

「脳内視力」を鍛えれば、視力0・2が1・5までみるみる回復する！　近視・遠視・乱視はもちろん、白内障、緑内障、ドライアイまで。早い人は「3日」でうれしい実感！

もの忘れを90％防ぐ法

米山公啓

「どうも思い出せない」……そんなときに本書が効きます。もの忘れのカラクリから、生活習慣による防止法まで。簡単にできる「頭」の長寿法！

疲れない体をつくる免疫力

安保　徹

免疫学の世界的権威・安保徹先生が、「疲れない体」をつくる生活習慣をわかりやすく解説。ちょっとした工夫で、免疫力が高まり、「病気にならない体」が手に入る！

1日1回　体を「温める」ともっと健康になる！

石原結實

体温が1度下がると、免疫力は30％落ちる！　この1日1回の「効果的な体の温め方」で、内臓も元気に、気になる症状や病気も治って、もっと健康になれる！

なぜ「粗食」が体にいいのか

帯津良一
幕内秀夫

なぜサラダは体に悪い？——野菜でなくドレッシングを食べているからです。おいしい＋簡単な「粗食」が、あなたを確実に健康にします！

C50195

C50219